AF324945

LES INFIDÈLES

COMÉDIE EN UN ACTE

PAR

MM. ANICET BOURGEOIS ET TH. BARRIÈRE

Représentée pour la première fois, à Paris, sur le théâtre du VAUDEVILLE, le 20 février 1856.

PARIS

MICHEL LÉVY FRÈRES, LIBRAIRES-ÉDITEURS

RUE VIVIENNE, 2 bis

1856

Distribution de la Pièce.

LE COMTE RAOUL DE SIDIANE.....	MM. Lafont.
ALBERT D'ORLY, cousin de Blanche..	Lagrange.
DUBOIS, valet de chambre de Raoul...	Galabert.
AUGUSTE, domestique.............	Bachelet.
BLANCHE, femme de Raoul.........	Mlles Brassine.
HÉLÈNE, femme de chambre de Blanche	Bodin.

LES INFIDÈLES

Un boudoir. — Il fait nuit.

SCÈNE PREMIÈRE.

DUBOIS, HÉLÈNE, AUGUSTE.

(Dubois est accroupi devant l'âtre et s'escrime de la bouche et du soufflet.)

DUBOIS, *soufflant avec rage.*

Va donc, va donc, animal !

HÉLÈNE, *entrant avec une bougie allumée* *.

Allons, voilà autre chose, à présent, Madame veut dîner ici.

DUBOIS.

Je le sais bien, puisque je rallume le feu.

HÉLÈNE, *allumant les candélabres.*

Vous rallumez le feu, on ne s'en douterait guère.

DUBOIS.

Il ne veut pas prendre... Ah ! d'ailleurs il ne fait pas froid. Le temps est à la neige. *(Il raccroche le soufflet.)*

HÉLÈNE, *qui a fini d'allumer les bougies, portant la table près de la cheminée.*

Sonnez donc, hein ?

DUBOIS.

Qui voulez-vous que je sonne ? Auguste est sorti.

HÉLÈNE.

Où est-il donc allé ?

DUBOIS.

Au cabinet de lecture, il reporte les livres que Madame a lus.

HÉLÈNE.

Dieu merci ! elle a le temps de lire, Monsieur lui en laisse le loisir. Voyons, sonnez Françoise, je ne peux pas tout faire.

DUBOIS.

Françoise est à sa place, à la cuisine.

HÉLÈNE.

Eh bien ! remuez-vous un peu, vous, au lieu de bâiller.

DUBOIS.

Elle est bonne, celle-là. Est-ce que c'est mon affaire à moi, le service de la table ?

* Dubois, Hélène.

HÉLÈNE.

Non, vous faites les courses, vous, vous faites les emplettes.

DUBOIS.

Quelles emplettes?

HÉLÈNE *.

C'est bon! c'est bon! (A Auguste qui entre portant des livres et qui se dirige vers la gauche.) Ah! Auguste! mettez ces livres là, je les porterai à Madame, et allez chercher l'argenterie.

AUGUSTE.

Vous ne pouvez donc pas y aller vous-même?

HÉLÈNE.

Apparemment.

AUGUSTE.

Vous êtes trop grande dame pour ça, pas vrai? si ça ne fait pas suer. (Il sort en grommelant.)

HÉLÈNE.

Sont-ils insolents ces domestiques? (Mettant la nappe qu'elle a apportée en venant.) Où est-il encore allé courir M. votre maître?

DUBOIS **.

Il ne vous l'a pas dit? C'est qu'alors il ne veut pas que vous le sachiez. (Le domestique a apporté des assiettes, de l'argenterie, etc.)

AUGUSTE.

Vous savez que s'il manque quelque chose, vous pourrez l'aller chercher vous-même.

HÉLÈNE.

Parce que?...

AUGUSTE.

Parce qu'il faut que je donne l'avoine aux chevaux.

HÉLÈNE.

A cette heure-ci?

AUGUSTE.

Eh bien! oui, à cette heure-ci!... Pour rester peut-être jusqu'au jour devant une porte, faut bien qu'elles mangent ces bêtes. (Il sort.)

HÉLÈNE, dressant le couvert.

C'est vrai, au fait, Madame va à la soirée de sa tante, madame d'Orly, et la couturière qui n'a pas encore envoyé la robe de Madame. Ah! si c'était moi, comme je vous les remuerais tous ces gens-là! (Voulant passer, poussant Dubois qui a le dos à la cheminée ***.) Voyons, ôtez-vous donc; qu'est-ce que vous faites-là?

DUBOIS.

Je fais semblant de me chauffer.

HÉLÈNE.

Pour faire croire qu'il y a du feu, n'est-ce pas? vous feriez bien mieux de courir chez madame Barême.

* Dubois, Auguste, Hélène.
** Dubois, Auguste, Hélène.
*** Hélène, Dubois.

DUBOIS, raillant.

Ah! oui, à deux pas, place Vendôme, c'est une occasion; et si Monsieur rentre...

HÉLÈNE.

Oh! le bon apôtre, comme s'il ne savait pas bien que Monsieur ne rentrera pas de sitôt.

DUBOIS.

Je n'en sais rien du tout, le diable m'emporte!

HÉLÈNE.

Vous ne savez pas où il est, n'est-ce pas?

DUBOIS.

Non.

HÉLÈNE.

Voulez-vous que je vous le dise?

DUBOIS.

Vous me ferez plaisir.

HÉLÈNE.

Oui, n'est-ce pas, ça vous amuserait de me faire poser.

DUBOIS.

Oh! je la connais, celle-là; vous ne savez rien du tout.

HÉLÈNE.

Vraiment? Voulez-vous que je vous dise l'emploi de votre semaine, jour par jour.

DUBOIS.

Voyons!

HÉLÈNE.

A partir de mardi dernier.

DUBOIS.

Allez...

HÉLÈNE.

Mardi, à deux heures, vous étiez chez Constantin, le marchand de fleurs, rue Louis le Grand.

DUBOIS.

C'est historique.

HÉLÈNE.

A deux heures et demie, vous en sortiez, accompagné d'un homme portant une jardinière en bois de rose avec incrustations de vieux Sèvres.

DUBOIS.

Oh! oh! voilà des détails.

HÉLÈNE.

Mercredi soir, vous entriez chez Duvelleroy l'éventailliste, passage des Panoramas, et hier, enfin, vers quatre heures, vous vous trouviez dans les ateliers d'Erler, le carrossier, rue de Ponthieu. Eh bien?

DUBOIS.

Eh bien?

HÉLÈNE.

Suis-je bien informée?

DUBOIS.

Pas mal.

HÉLÈNE.

Effronté !

DUBOIS.

Qui est-ce qui vous a dit ça ?

HÉLÈNE.

Mon petit doigt.

DUBOIS.

Eh bien ! je l'engagerai à ne pas le dire à votre pouce.

HÉLÈNE.

C'est-à-dire que si je parlais ?...

DUBOIS.

Madame ne vous croirait pas, et Monsieur vous mettrait à la porte.

HÉLÈNE.

Ça me serait bien égal. Croyez-vous que je ne gagnerais pas autant ailleurs ?

DUBOIS.

Pardonnez-moi, je crois même que vous pourriez gagner davantage, attendu que votre maîtresse est la vertu même, et qu'il n'y a pas de profits avec elle ; ce dont vous enragez du fond du cœur...

HÉLÈNE.

Qu'est-ce à dire ?...

DUBOIS.

C'est-à-dire que dans la maison où il y a une vertu fragile, c'est aux domestiques que l'on paie la casse, et qu'il n'y a pas de casse ici pour vous.

HÉLÈNE.

Ce n'est pas comme pour vous alors...

DUBOIS.

Peut-être bien.

HÉLÈNE.

Comme c'est joli un homme de quarante ans qui a un amour de femme de vingt-cinq ans et qui la trompe encore.

DUBOIS.

Bon petit cœur ! comme ça vous serait bien égal que Monsieur passât dans le camp des infidèles, si Madame suivait Monsieur dans ce camp-là.

HÉLÈNE.

Ainsi vous convenez...

DUBOIS.

Je ne conviens de rien, je ne sais rien, je dis seulement que si M. Albert d'Orly, le cousin de madame la comtesse de Si-diane, vous glissait un beau jour dans la main un louis bien brillant et un billet bien parfumé, vous remettriez bien fidèle-ment l'un et garderiez scrupuleusement l'autre.

HÉLÈNE,

Quelle horreur !

DUBOIS,

Du reste, il n'y a pas de danger; car pour M. Albert d'Orly, tout apprenti diplomate qu'il soit...

HÉLÈNE.

Il est trop bête.

DUBOIS,

Voilà un cri du cœur.

HÉLÈNE, se reprenant.

Madame est trop vertueuse.

DUBOIS *.

Le fait est que c'est désolant. (Il rit.)

HÉLÈNE, frappant du pied **.**

Oui, je suis indignée, c'est vrai, on n'a pas moins de chance que moi. J'ai été déjà dans cinq maisons et je tombe toujours sur des dragons de vertu, sur des maîtresses qui n'ont pas la plus petite chose à se reprocher. J'ai beau chercher, fouiller, écouter, fureter, rien de rien; jamais le plus petit secret, l'intrigue même la plus innocente.

DUBOIS, riant.

Il y a pourtant quelques femmes qui en ont, mais vous ave la main malheureuse, voilà tout.

HÉLÈNE, furieuse,

Ne m'irritez pas, vous ! (Elle prend une assiette.)

DUBOIS, lui reprenant l'assiette.

Oh! retenez-vous, cette casse-là ne rapporte pas, au contraire; mais chut! voici Madame.

SCÈNE II.

LES MÊMES, BLANCHE.

(Blanche est rêveuse; elle va à la cheminée et regarde la pendule.)

BLANCHE, sans se retourner ***.**

Cette pendule va bien?

DUBOIS.

Madame me pardonnera... La pendule retarde; huit heures sont sonnées?

HÉLÈNE.

Madame dînera-t-elle ?

BLANCHE, distraite.

Hein?... non... oui. Monsieur a-t-il pris le coupé ?

DUBOIS.

Non, Madame, Monsieur est sorti à pied.

* Dubois, Hélène.
** Dubois, Hélène.
*** Blanche, Dubois, Hélène.

BLANCHE.

Vous ferez atteler pour dix heures.

HÉLÈNE.

Dubois, faites servir. (Dubois s'incline et sort; Hélène sert sa maîtresse.)

BLANCHE, à Hélène *.

Monsieur vous a-t-il vue quand il partait ?

HÉLÈNE.

Oui, Madame.

BLANCHE.

Et il ne vous a point chargée de me dire qu'il dînait dehors?

HÉLÈNE.

Non, Madame; mais si Madame le désire, je puis demander à Dubois.

BLANCHE **.

Non, c'est inutile. (Elle continue à rêver et ne mange pas.)

HÉLÈNE.

Est-ce que Madame est souffrante ?

BLANCHE.

Pourquoi ça, mon enfant ?

HÉLÈNE.

C'est que Madame ne touche à rien.

BLANCHE, sans lui répondre.

Si monsieur le comte rentrait quand je serai partie, n'oubliez pas de lui rappeler que je suis chez madame d'Orly.

HÉLÈNE.

Non, Madame. (Blanche repousse son assiette et prend une Revue.) Est-ce que le dîner n'est pas du goût de Madame?

BLANCHE.

Mais, si fait, tout était excellent.

HÉLÈNE, à part.

Excellent!... elle n'a goûté à rien. (Blanche jette la Revue et tend son verre à Hélène; celle-ci lui verse du vin. Blanche y trempe ses lèvres et remet tout à coup le verre sur la table.)

BLANCHE.

A quoi pensez-vous donc, Hélène? Vous savez bien que je ne bois pas de vin.

HÉLÈNE, lui versant de l'eau dans un autre verre.

Ah! si Monsieur dînait souvent dehors, Madame tomberait bien vite malade.

BLANCHE, froidement.

Vous me ferez donner du thé. Sonnez pour qu'on enlève tout cela.

HÉLÈNE.

Oui, Madame. (Elle sonne.)

* Blanche, Hélène.
** Blanche, Hélène.
*** Hélène, Blanche.

BLANCHE.

Vous m'habillerez tout à l'heure.

HÉLÈNE.

Madame Barème n'a pas envoyé, Madame.

BLANCHE.

Envoyé quoi ?

HÉLÈNE.

La robe que...

BLANCHE, avec indifférence.

Ah !

HÉLÈNE.

Laquelle alors Madame mettra-t-elle ?

BLANCHE.

Celle que vous voudrez, la première venue. (Hélène sonne.)

AUGUSTE, entrant.

Madame a sonné * !

HÉLÈNE.

Oui, desservez, Auguste.

AUGUSTE, à part.

Oh ! mon Dieu ! (Après un mouvement d'humeur, à Blanche.) Madame a sonné ?

BLANCHE.

Oui, enlevez tout cela, je vous prie.

HÉLÈNE, bas, en le narguant **.

Ah !

AUGUSTE . bas.

Mais Madame est polie, au moins. (Avec mépris, tout en enlevant le couvert.) Et puis, ça m'humilie, d'obéir à mes pareils. (Il tient toute la desserte sur un plateau. — On sonne.) Ah ! on sonne ; tenez cela, mademoiselle Hélène. (Albert entre. — Annonçant.) Monsieur Albert d'Orly !

HÉLÈNE , à part.

Ah ! le cousin ! (Auguste disparaît. Albert va à Blanche ; elle lui tend la main. — A part, soupirant.) Ah ! s'il voulait m'aider un peu, celui-là. (Elle sort.)

SCÈNE III.

BLANCHE, ALBERT.

ALBERT , s'asseyant.

Tiens ! vous avez dîné seule ?

BLANCHE.

Absolument seule.

ALBERT.

Ah ! j'ai manqué d'inspiration.

* Hélène, Blanche, Auguste.
** Blanche, Auguste, Hélène

BLANCHE.

Comment cela?

ALBERT.

J'aurais dû venir me faire inviter à vous tenir compagnie. J'ai dîné seul aussi au cabaret. (Hélène apporte le thé.)

BLANCHE.

Prendrez-vous le thé avec moi?

ALBERT.

Très-volontiers. (Blanche verse le thé.)

HÉLÈNE.

Madame, faudra-t-il envoyer chercher le coiffeur?

BLANCHE.

Non, vous me coifferez vous-même.

HÉLÈNE, à part.

Pas même coquette! faites donc vos affaires avec cette femme-là! (Elle sort.)

ALBERT.

Vous allez dans le monde, ce soir?

BLANCHE.

Mais je vais chez votre mère, oublieux.

ALBERT.

Ah! c'est vrai, c'est son jour.

BLANCHE.

Voyons! pourquoi négligez-vous ainsi la compagnie de votre mère?

ALBERT.

Ah! pourquoi?... voilà.

BLANCHE.

Ne peut-on concilier ses plaisirs avec ses devoirs?

ALBERT.

Ses devoirs? oh! mais il y a toujours, croyez-le bien, un grand plaisir pour moi à me présenter chez ma mère, surtout quand j'ai l'espoir de vous y rencontrer.

BLANCHE.

J'accepterai le compliment, mon cousin, ne fut-ce que pour vous rendre tout à fait inexcusable.

ALBERT, riant.

Allons! ne grondez plus, je retournerai aux soirées de ma mère, avant peu, bientôt...

BLANCHE *.

Ah!

ALBERT.

Le motif qui me tenait éloigné n'existe plus.

BLANCHE, à demi voix.

Vous êtes fâchés?

ALBERT, sans y songer.

Oui, depuis quelques... (S'arrêtant tout honteux.) Pardon... (Blanche

* Blanche, Albert.

éclate de rire. — Tout penaud.) Ah ! ma cousine, je vous en voudrai
de ce que je viens de dire.

BLANCHE.

Vraiment !

ALBERT.

Sans doute, car enfin... vous êtes assurément la dernière par-
mi les honnêtes femmes que je puis connaître, que j'aurais
voulu initier à ma vie de garçon.

BLANCHE, avec une gaieté d'enfant.

Savez-vous qu'il est très-glorieux pour moi d'avoir battu un
diplomate ?

ALBERT.

Un diplomate ?... Ah ! pardon, je ne suis qu'un apprenti;
mais j'irai vite, car M. de Sidiane est mon maître.

BLANCHE, devenant sérieuse.

Et il vous donne de terribles leçons.

ALBERT.

Comment ?

BLANCHE, se remettant.

Rien.

ALBERT, se levant.

Oh ! si fait, vous avez une pensée que vous ne dites pas toute
entière.

BLANCHE.

Eh bien ! complétez-la.

ALBERT *, qui ouvrait la bouche pour s'expliquer, s'arrêtant.

Ma foi non.

BLANCHE.

Vous craignez d'en trop dire, n'est-ce pas ?

ALBERT.

Mais il n'y a rien à dire sur votre mari.

BLANCHE.

Assurément.

ALBERT.

C'est très-mal, ma cousine, de soupçonner ce pauvre Raoul,
et franchement c'est bien le moins que je le défende, car après
tout, c'est ma faute si on l'accuse.

BLANCHE.

Comment ?

ALBERT.

Eh ! sans doute. Si depuis huit jours ses absences sont un peu
fréquentes, c'est qu'il s'occupe de moi, de mon avenir ! Il passe
des jours entiers au ministère pour ma nomination de secrétaire
d'ambassade, et à l'heure où je vous parle...

BLANCHE.

A l'heure où vous me parlez, mon cousin, les bureaux sont
fermés.

* Albert, Blanche.

ALBERT.

Enfin, où que soit Raoul à cette heure, je suis bien sûr qu'il ne fait pas de mal et qu'il pense à vous. Raoul va rentrer plus tendre, plus amoureux que jamais, et demain... Ah! demain, vous serez plus heureuse encore qu'hier.

BLANCHE, souriant.

De quel ton vous me dites cela, on dirait que cette pensée vous fâche.

ALBERT.

Elle me fâche peut-être.

BLANCHE.

Ah!

ALBERT.

Et c'est bien pardonnable; écoutez donc, c'est vrai cela, après avoir enlevé les droits au... petit mari, car j'étais votre petit mari à l'âge heureux de quatorze ans, ce diable de Raoul n'a-t-il pas encore rendu inutile le dévouement de l'ami, du cousin, du... frère... jadis du moins : il m'était parfois donné de sécher les larmes de l'enfant, de partager les grands chagrins de la petite fille; et quand elle apportait vers moi son cœur tout gros encore de quelque gronderie maternelle, je pouvais jouer le rôle si doux de consolateur. Et j'étais bien heureux, bien fier alors quand j'avais su ramener un sourire sur ces jolies lèvres boudeuses, mais maintenant vous n'avez plus de douleurs, tandis que si vous étiez malheureuse un peu...

BLANCHE.

Hein?...

ALBERT.

Oh! rien qu'un peu... mais non, votre ciel est sans nuage et je n'ai plus qu'à m'en aller.

BLANCHE, un peu triste.

Oh! restez encore!

ALBERT, vivement.

Eh! quoi?... que voulez-vous dire?... auriez-vous véritablement quelque secret, quelque chagrin à me confier?

BLANCHE, se remettant et se levant.

Non, non, Albert... aucun... je suis folle.

ALBERT, à part.

Je suis folle, le premier mot éternel des confidences féminines. Ma foi!... l'ami du mari a fait, je crois, suffisamment son devoir, au petit cousin à présent de faire ses affaires.

(BLANCHE, assise sur le canapé, à droite.

A quoi pensez-vous, Albert?

ALBERT, avec mélancolie.

Je pense, ma cousine, que c'est vous et Raoul qui m'avez fait verser ma première larme de jeune homme.

BLANCHE.

Comment?

ALBERT, souriant à demi.

Parole d'honneur ! j'ai bien souffert le jour de votre mariage.

BLANCHE, avec embarras.

Quel enfantillage !... Voyons... pourquoi reparler de cela ?...

ALBERT, derrière le canapé, avec insouciance.

Oh ! pour en rire ensemble... car vous ne savez pas, ma cousine, eh bien ! ce soir-là... pendant que vous dansiez avec moi... (Riant aux éclats.) j'ai eu envie de vous étrangler...

BLANCHE.

En vérité?

ALBERT.

Il était trois heures du matin, je savais que le bal allait finir. Une certaine agitation régnait déjà dans les cours; j'avais même surpris quelques ordres donnés à voix basse par M. de Sidiane à son valet de chambre. Bref, c'était la dernière valse et vous me l'aviez accordée... c'était une valse de Strauss. Je me la rappelle encore, je me la rapellerai toujours. (Sa voix se trouble peu à peu.) Dieu ! que vous étiez belle ! Tenez, belle et pâle comme en ce moment.

BLANCHE.

Voyons, Albert, à quoi bon tout cela?

ALBERT.

Vous étiez brisée, vos cheveux s'étaient dénoués à demi dans le tourbillon du bal. Et cependant, rieuse et folle, vous luttiez encore contre la fatigue; mais comme parfois vos forces trahissaient votre courage, vous vous appuyiez sur mon bras, sur mon cœur... votre haleine me brûlait, les parfums de votre chevelure me montaient au cerveau et troublaient ma raison. Je pensais vaguement que votre sort était à jamais lié à celui d'un autre et il me semblait que j'allais mourir. En ce moment, j'aperçus M. de Sidiane qui souriait avec amour en vous regardant... la valse finissait... encore quelques mesures et j'allais vous perdre. Alors, je devins fou tout à fait. Je vous étreignis avec fureur; et, franchement *... (Il ramasse la pelotte de laine que Blanche a laissé tomber. —Gaiement.) je vous le répète, si je ne vous étranglai point, il ne faut pas m'en vouloir, c'est que je n'en eus pas la force, c'est que je tombai évanoui tout à coup à vos pieds comme frappé d'un coup de foudre. C'était tout simplement une petite congestion cérébrale qui m'arrivait fort à propos ; car si je n'avais pas failli mourir, je ne sais, en vérité, si j'aurais eu la force de vivre. (Riant plus fort.) Comme on est bête, n'est-ce pas, quand on est jeune?

BLANCHE.

Mais vous ne nous aviez jamais raconté cette tragédie.

ALBERT, qui regardait attentivement le collier de Blanche, derrière le canapé **.

Oh ! c'est bizarre.

* Blanche, Albert.
** Albert, Blanche.

BLANCHE.

Quoi donc?

ALBERT.

Je reconnais ce collier, vous le portiez le jour de votre mariage.

BLANCHE.

C'est vrai.

ALBERT.

Il me semble que c'est la première fois que je le revois sur vous.

BLANCHE.

C'est peut-être en effet la première fois que...

ALBERT, qui touchait au collier.

Ah! mon Dieu! il vient de s'ouvrir. (Il le prend.)

BLANCHE.

Donnez, je le refermerai.

ALBERT.

Impossible! le cadenas est brisé, voyez plutôt.

BLANCHE.

N'importe! donnez toujours.

ALBERT.

Pardon!... j'ai fait le mal, c'est à moi de le réparer. Je porterai ce soir ce collier chez Fossin, et demain il n'y paraîtra plus.

BLANCHE.

Pourquoi prendre cette peine, j'enverrai. (Elle veut reprendre le collier.)

ALBERT.

Blanche, laissez-le-moi!

BLANCHE.

C'est impossible, Albert... car, vous le savez, Raoul a déjà eu à propos de vous de jalouses pensées qu'un rien pourrait faire renaître, et si ce collier s'égarait...

ALBERT.

Je le cacherai là, sur mon cœur; oh! laissez-le-moi comme le souvenir à la fois le plus charmant et le plus douloureux de ma vie.

BLANCHE.

Albert, vous devenez ridicule, et j'exige...

ALBERT.

Votre mari, Blanche.

SCÈNE IV.

LES MÊMES, RAOUL DE SIDIANE **.

RAOUL, entre précipitamment et s'arrête tout à coup, il est un peu animé.

Oh! pardon!... chère amie, si j'entre sans frapper, je... je

* Albert, Blanche.
** Blanche, Raoul, Albert.

vous croyais à votre toilette... j'ignorais que votre cousin fût en votre compagnie... Vous permettez? (Il lui baise la main, tout bas.) Tu me boudes?...

BLANCHE.

Mais non.

RAOUL, riant.

Oh! oh! il y a un grand oui dans ce petit non-là.

BLANCHE, l'examinant.

Comme vous êtes gai, monsieur le comte.

RAOUL, se rajustant avec un peu d'embarras.

Mais ma chère petite comtesse, je suis toujours fort gai quand je reviens auprès de vous.

BLANCHE, prenant une tapisserie.

En ce cas vous avez tort de vous attrister si souvent.

RAOUL.

Oh! la méchante, comme elle voudrait me tenir tout seul dans un petit coin pour me gronder tout à son aise. (Albert a fait un mouvement pour se retirer.) De grâce, Albert ne m'abandonnez pas ou je suis perdu.

BLANCHE, haussant les épaules.

Je ne vous demanderai pas même d'où vous venez?

RAOUL.

Mais, moi, je vais te le dire... et tu verras que... mais d'abord permets-moi de te livrer le coupable. (Il lui donne un bouquet de violettes.) Il m'a fait assez courir après lui, va... c'est toute une histoire, je suis furieux,... et cependant je ne saurais m'empêcher de rire... Jason et les Argonautes ont eu moins de mal pour conquérir la toison d'or, vous allez en juger; Albert... donnez-moi une tasse de thé.

ALBERT, lui en versant.

Il est glacé, je vous en préviens.

RAOUL.

Tant mieux. (Se reprenant.) C'est-à-dire, ça ne fait rien.

ALBERT, riant, à part.

Qu'est-ce qu'il a donc ce soir, Raoul?

RAOUL, cherchant ses phrases.

Vous saurez d'abord, ma chère Blanche, que je m'étais juré de vous apporter un bouquet de violettes, et vous savez déjà que je suis d'un entêtement remarquable, j'en ai donné maintes preuves, du reste. Ainsi figurez-vous, Albert, que lorsque j'étais en Afrique...

ALBERT.

Voulez-vous de la crème?

RAOUL.

Un nuage seulement. A propos, je ne vous ai jamais parlé de mes chasses dans l'Atlas... est-ce que vous connaissez Gérard, le tueur de lions?

ALBERT.

Je l'ai vu une fois au bal.

RAOUL, riant.

Ah! ah! ah! Gérard au bal!... et que faisait-il là?...

ALBERT, assis à droite.

Il regrettait l'Atlas. (A part.) Il paraît que l'histoire du bouquet n'est pas encore trouvée...

RAOUL.

Donc, pour en revenir à ma course aux violettes.

ALBERT, à part.

Ah! la voilà!

RAOUL, à Blanche.

Dieu me pardonne, chère amie, j'ai cru qu'il me faudrait faire le tour du monde pour sortir à mon honneur de cette fantastique entreprise. J'ai battu d'abord tout Paris. De violettes, pas la moindre... je crois qu'il y a des accapareurs.

BLANCHE.

Pour le bal de ce soir.

RAOUL, contrarié.

Le bal!... quel bal?... il n'y a pas de bal ce soir.

BLANCHE.

Il y a le bal des artistes à l'Opéra-Comique.

RAOUL.

Tiens! vous savez cela. Ah! vraiment, c'est aujourd'hui! je croyais que c'était le mois dernier ou le mois prochain... et puis enfin ce n'est pas un bal ça... c'est une fête. (Blanche regarde fixement Raoul pendant une minute, Raoul avale une tasse d'eau.)

BLANCHE.

Vous allez vous noyer, monsieur le comte.

ALBERT, à part, riant.

C'est une épigramme.

RAOUL.

Oh! j'ai beaucoup marché! impossible de trouver une voiture... chaque cocher que je rencontrais n'avait que cinq minutes à me donner, j'ai été absent six heures, j'aurais donc changé soixante-douze fois de voiture, et vous comprenez! (A part.) Elle a raison, je me noie.

BLANCHE, raillant.

Pour en revenir à vos violettes?

RAOUL, avec un geste désespéré.

Allons! (Haut.) J'avais juré que j'en irais chercher, fût-ce au sommet des Alpes... je songe tout à coup à M. de Miremont, une connaissance du club qui possède une serre délicieuse dans sa villa aux environs de Sceaux, je prends le chemin de fer, j'arrive, je corromps à prix d'or le jardinier, j'entre dans la serre, je côtoie pendant trois quarts d'heure toutes les flores des cinq parties du monde, je rencontre là jusqu'à des fleurs de l'Inde, et des plantes de la Chine, mais de violettes point... pas un pauvre petit pied grand comme ça; désolé, furieux, je cours à l'embarcadère.

ALBERT, très-sérieux.

Le convoi venait de partir.

RAOUL.

Juste ! (A part.) Le petit cousin se moque de moi. (Haut.) Je mourais de faim, je me décide à dîner là-bas dans un coin indigne, et enfin...

BLANCHE.

Enfin vous voilà...

RAOUL.

Enfin me voilà !

BLANCHE.

Et où avez-vous trouvé ces violettes-là ?

RAOUL, s'asseyant *.

En face, sous vos fenêtres, on voit la marchande d'ici. (Blanche rit. Raoul à part, avec joie.) Elle a ri. (Haut.) Et le plus plaisant de l'affaire, c'est que cette femme prétend qu'elle est à cette place tous les jours à trois heures depuis trois ans... concevez-vous que je ne l'aie jamais vue ?

BLANCHE.

C'est incroyable, comme votre histoire.

RAOUL.

N'est-ce pas qu'elle est invraisemblable ? du reste, il n'y a que celles-là de vraies.

BLANCHE, toujours moqueuse.

C'est parfaitement juste.

RAOUL, se levant.

N'est-ce pas ? (A Albert.) N'est-ce pas ? (Albert incline la tête.)

RAOUL, à Blanche.

Tu m'as pardonné j'espère, chère enfant. (Reprenant sa tapisserie.) Tiens, c'est gentil ce que tu fais là, qu'est-ce que ça pourrait bien représenter ?

BLANCHE.

Mais un fragment de coussin où de tabouret.

RAOUL.

Et ces grandes choses pâles ne seraient-elles point par hasard des camélias ?...

BLANCHE.

Peut-être bien, voyez plutôt la ressemblance.. (Elle met une fleur de sa tapisserie contre le camélia que Raoul porte à la boutonnière.)

RAOUL, après un mouvement.

Oui, oui, ma foi, c'est frappant.

BLANCHE.

Est-ce que ce camélia vient de la serre de...

RAOUL.

De M. Blangy, oui.

BLANCHE.

Monsieur de Miremont, vous voulez dire...

* Raoul, Blanche, Albert.

RAOUL.

Non, non... de celle de M. Blangy, le beau-père de... c'est la serre à côté... c'est même comme ça que le mariage s'est fait.

BLANCHE.

C'est un mariage de mitoyenneté?

RAOUL.

Précisément. (Riant.) Le mot est très-joli.

BLANCHE.

Très-joli... vous êtes bien indulgent ce soir...

RAOUL.

Et toi bien sérieuse.

BLANCHE, à Hélène qui vient d'entrer.

Vous allez m'habiller, Hélène. (A Raoul et Albert.) Vous permettez, Messieurs?

RAOUL *.

Oh! pas encore, Madame. (Hélène enlève le thé et sort par le fond.) Il me faut mon pardon, signé, enregistré, et revêtu de votre petite griffe. (Il lui prend la main et l'embrasse.)

BLANCHE, de l'autre main et touchant au camélia.

Est-ce que vous tenez à ce souvenir de voyage?

RAOUL.

Pourquoi?

BLANCHE.

C'est que je vous prierais de me le donner, je n'ai pas le moindre brin de fleurette pour me composer une coiffure et...

RAOUL., vivement.

Cette fleur dans tes cheveux! Blanche, y songes-tu?

BLANCHE.

Qu'est-ce que cela ferait donc?...

RAOUL.

Cela ferait, mon enfant, que c'est tout simplement impossible. Mets dans tes cheveux tout ce que tu voudras, des cerises, des groseilles, des ananas si tu veux, mais ce camélia. (Se reprenant.) Un camélia, jamais!

BLANCHE.

C'est-à-dire que vous y tenez...

RAOUL.

Moi! tiens, vois plutôt. (Il le jette dans la cheminée.)

BLANCHE **.

Merci!... (Elle lui tend son front.)

RAOUL.

Adieu!... chère enfant.

BLANCHE.

Adieu!... (Saluant.) Mon cousin... (Elle s'est un peu rapprochée d'Albert, à mi-voix.) Vous laisserez ce collier ici, je le veux.

* Blanche, Hélène, Raoul, Albert.
** Raoul, Blanche, Albert.

ALBERT, suppliant.

Blanche!

RAOUL, redescendant.

Permettez-moi, Madame, de vous conduire jusqu'aux portes de votre royaume!... (Il lui prend le bras et l'emmène. Albert s'incline pour éviter le regard de Blanche.)

ALBERT, à part *.

J'en suis fâché, mon cousin, mais votre femme et moi, nous avons maintenant un petit secret pour vous.

SCÈNE V.

RAOUL, ALBERT.

(Quand Blanche a disparu, et que la porte s'est refermée, Raoul vient se jeter dans un fauteuil **.)

RAOUL.

Ouf! permettez que je reprenne haleine, mon cher Albert, j'étais à bout, c'est fini; je ne sais plus mentir; ce que c'est que de rester longtemps éloigné des affaires; du reste je vous avoue que je n'ai jamais été très-fort pour mon propre compte. Ah! pour le compte de mon gouvernement, c'était autre chose, c'était une question de bonne foi, je tenais à gagner mes grades; mais quand il s'agit de tromper une femme comme la comtesse... car il n'y a pas un mot de vrai dans tout ce que je vous ai dit, mon cher Albert.

ALBERT, riant.

Parbleu!

RAOUL.

Ah! est-ce que ça se voyait?

ALBERT.

C'était limpide, pour moi du moins.

RAOUL.

J'ai trop parlé, hein?... c'est la faute de ce maudit champagne.

ALBERT, riant.

Ah! ah! c'est donc cela que je me disais aussi.

RAOUL.

Voilà pourtant les dangers de la sobriété. C'est vrai, cela, ma femme ne boit que de l'eau, ne pouvant m'imposer tout à fait son régime, elle m'a mis au bordeaux, au bordeaux très-doux. Léona, au contraire, a l'habitude de fourrer du champagne partout. Elle déjeune, dîne et soupe au champagne; si c'est vous qui l'avez élevée comme ça, que le bon Dieu vous bénisse.

ALBERT.

Écoutez-donc? mon cher cousin, je ne l'avais pas élevée pour

* Albert, Raoul, Blanche.
** Albert, Raoul.

vous (Sérieusement.) Croyez bien que si j'avais pu prévoir ce qui arrive, je l'aurais élevée plus convenablement.

RAOUL, riant.

Ah çà! parlons raison, mais parlons bas, m'en voulez-vous?

ALBERT.

Du tout.

RAOUL.

Je vous assure que je ne pouvais pas faire autrement.

ALBERT.

Ne vous défendez donc pas.

RAOUL.

Votre main?

ALBERT, la lui donnant.

La voici, je vous prierai même d'accepter mes remerciements par-dessus le marché!

RAOUL.

Vos remerciements de ce que je vous enlève votre maîtresse?

ALBERT. Ils se promènent.

Non, mais de ce que vous m'avez annoncé sur-le-champ que vous me l'aviez prise; en me laissant ignorer mon accident vingt-quatre heures seulement, vous m'exposiez à ce que je l'apprisse par un autre, et je devenais ridicule, en m'en instruisant vous-même, vous m'avez donc rendu un véritable service.

RAOUL.

Et là, franchement, vous n'avez pas d'arrières-pensées?

ALBERT. Ils s'arrètent.

Pas la moindre. (Raoul sourit.) Non, vous dis-je, vous étiez dans votre droit, chacun pour soi et Léona pour...

RAOUL.

Ah! prenez garde, vous allez me faire croire que vous êtes piqué.

ALBERT.

Quel diable d'homme vous faites.

RAOUL.

Vous ne la regrettez pas un peu?

ALBERT.

Eh bien! si, là, un peu; êtes-vous content?

RAOUL.

A la bonne heure. (Riant.) Ce pauvre Albert!

ALBERT. Ils s'asseyent à droite.

Dame, vous comprenez? dans le premier moment, cela dérange un peu la vie, ce sont des habitudes que l'on s'était faites et qu'il faut perdre: me voilà privé pour quelque temps de paraître au bois ou au club, sous peine de me heurter vingt fois le jour contre la phrase qui vient de vous échapper à vous-même: « ce pauvre Albert!... » accompagné de : « c'est étonnant! elle avait pourtant l'air de vous aimer, » ce qui veut dire : il fallait donc que vous fussiez ou bien sot ou bien ladre. (Riant.) Vous le voyez, vous m'avez placé dans une affreuse position, et cependant, encore une fois, je ne vous en veux pas.

RAOUL.

Du reste, vous vous en doutiez, n'est-ce pas?

ALBERT.

Oui.

RAOUL.

Depuis quand?

ALBERT.

Parbleu, depuis le jour où on m'avait fait faire antichambre.

RAOUL, riant.

Ah! ah! vous avez étudié ce thermomètre-là.

ALBERT.

Parfaitement.

RAOUL.

Voyons?

ALBERT.

Règle générale, quand vous arrivez chez une... Léona, et que la femme de chambre vous introduit prestement dans le petit boudoir, rose ou bleu, en vous disant à demi voix : je vais prévenir Madame, vous pouvez dormir tranquille, vos affaires sont en bonne voie... mais le jour où c'est un domestique tout de noir habillé qui vous introduit dans le grand salon, en vous disant solennellement et à haute voix : je vais voir si Madame est chez elle, vous pouvez être sûr qu'il est question sous roche d'un changement de ministère. (Gaiement.) Eh bien! hier, le changement de ministère a eu lieu, et l'on m'a rendu mon portefeuille... (Se levant.) vide.

RAOUL.

C'est une délicieuse créature, n'est-ce pas?

ALBERT.

Oui, et puis quand on a quitté le bordeaux très-doux pour le champagne, cela paraît piquant, cela amuse d'abord, mais prenez garde, cela grise.

RAOUL.

Bon, bon, vous voulez m'effrayer.

ALBERT.

Oh! ma foi non.

RAOUL.

Avez-vous remarqué la petitesse de sa main, la flexibilité de son pied?

ALBERT.

Tiens! parbleu! lorsque j'étais avec elle, croyez-vous que je regardais par la fenêtre.

RAOUL.

Et cette distinction! cette élégance! Dieu me pardonne, il y a quelque chose d'une duchesse chez cette femme-là.

ALBERT.

Oh! il y a aussi quelque chose d'un duc, le mobilier.

RAOUL.

Vous voulez me rendre jaloux.

ALBERT, sérieusement.

Oh ! mon maître, que venez-vous de dire là ? Vous ? le comte
de Sidiane ? le mari de Blanche, jaloux de Léona ?

RAOUL, lui donnant la main.

Vous avez raison, Albert, c'est toujours le champagne.

ALBERT.

Ah ! çà, vous ne m'avez pas encore dit...

RAOUL.

Qui m'a valu telle conquête, comme dit De Musset ; ah !
ce n'est pas l'allure de mon cheval, ce n'est pas non plus « un
« compliment sur sa mantille ni des bonbons à la vanille par un
« beau soir de carnaval. » Je vous avouerai, en confidence, et
dût mon amour-propre en souffrir, que je soupçonne fort la di-
vine Léona d'aimer le comte de Sidiane bien moins pour ce qu'il
est à présent que pour ce qu'il fut jadis.

ALBERT.

Comment ?

RAOUL.

Ah ! ah ! vous dressez l'oreille, monsieur le fat, vous allez
enfin avoir le mot de cette énigme inexplicable pour vous, un
charmant garçon de vingt-quatre ans supplanté par un homme
de quarante. Voici le fait, je vous le livre pour ce qu'il vaut. (Il
se lève.) Il y a un mois environ, je me trouvais seul au bois ; la
pluie, une pluie torrentielle m'avait surpris, et je m'étais réfugié
au pavillon d'Ermenonville. Il y avait un quart d'heure à peu près
que j'étais là, attendant le retour de Dubois qui était parti pour
me chercher une voiture, quand je vis arriver à fond de train une
amazone et un petit jockey, (Montrant son poing.) gros comme ça.
Le cheval de la dame était à peine arrêté, que celle-ci sautait lé-
gèrement sur le perron ; ce n'était pas une femme, c'était une
cataracte, et la voilà riant et se secouant tant et si bien, que sa
pluie me mouillant et son rire me gagnant, nous voilà au bout
d'une seconde face à face, riant, et nous secouant à qui mieux
mieux. La connaissance était faite, je lui offre mon bras. Je ne
risquais plus rien, nous étions aussi mouillés l'un que l'autre.
Je fais préparer un cabinet sans autre préambule, je jette un ar-
pent de bois dans la cheminée, et, toutes ces formalités remplies,
je salue mon inconnue. Elle me déclare alors se nommer Léona,
et s'empresse de me prévenir charitablement qu'il serait com-
plétement inutile de devenir épris d'elle, attendu qu'elle a le
cœur plein d'amour pour un jeune diplomate en herbe nommé
Albert d'Orly.

ALBERT.

C'était exact.

RAOUL.

Je me nomme à mon tour, alors, et tout à coup l'écuyère disparaît pour faire place à la grande dame... C'était féerique.

ALBERT, riant.

Je la reconnais bien là.

RAOUL.

Elle me parle politique, art, industrie, puis de Lamartine et de Balzac, enfin des diplomates étrangers comparés aux nôtres; des Italiens, de la Bourse, et tout cela avec un tact, une finesse; j'étais renversé, ou plutôt j'étais pris. Je n'avais pas eu le temps de placer un mot; et si Dubois avait ramené la voiture à ce moment-là, je pouvais passer aux yeux de Léona pour un imbécile. Enfin, j'avais la parole, et j'en usai largement; Léona avait voulu savoir une foule de choses relatives à mes missions diplomatiques, et j'avais dû la satisfaire; puis, peu à peu, elle devint plus indiscrète, et ma foi, vous l'avouerai-je, mon cher Albert, je me laissai aller à parler de mon passé galant; c'était petit, c'était mesquin, c'était écolier en diable, mais, que voulez-vous, il pleuvait tant et avec cela le champagne... Il y avait déjà du champagne ce jour-là; enfin je crus remarquer que Léona prenait un intérêt tout particulier au récit de mes aventures; à chaque degré que je montais sur l'échelle de mes amours, le regard de Léona devenait plus coquet et plus tendre; je compris tout de suite le parti que je pouvais tirer de cette faiblesse aristocratique, et alors je ne me fis point faute de quelques petites bonnes fortunes de mon invention; ma liste s'arrêtait aux baronnes, et Léona venait de me serrer la main; je tournai effrontément la page, et une marchesa me valut la permission de la reconduire; une comtesse moldo-valaque, une invitation à dîner pour le lendemain; et enfin, quelques jours plus tard, j'avais compromis une princesse chinoise, vous comprenez qu'elle ne pouvait pas en demander davantage.

ALBERT.

Assurément! (Tous deux éclatent de rire, la pendule sonne une demi-heure.)

RAOUL, se levant précipitamment.

Ah! mon Dieu! dix heures et demie, et je ne suis pas habillé. (Il sonne.)

ALBERT.

Vous allez prendre Léona chez elle ?

RAOUL.

Non pas, mais comme je vous l'écrivais dans ma lettre.

ALBERT.

Ah! à propos. (Il fouille dans sa poche.)

RAOUL.

Léona sera à minuit dans la loge nº 17; je vous écrivais ce détail, mon bon, pour que vous ne passiez pas par cette loge-là si cela doit vous contrarier. (Il sonne de nouveau.) Où diable est donc fourré cet animal de Dubois? (A Albert, qui lui présente un papier.) Qu'est-ce que c'est que ça ?

ALBERT.

Votre lettre d'avis qui, à un moment donné, pourrait devenir fort compromettante pour vous.

RAOUL.

Eh bien! elle était tout aussi en sûreté dans votre poche que dans la mienne.

ALBERT.

Soit, mais si l'un de nous deux doit perdre cet autographe, j'aime mieux que ce soit vous.

RAOUL, jetant les morceaux de la lettre dans la cheminée.

Voilà! (A Albert.) Avec tout cela, Léona va me redemander la fleur que je devais porter (Avec sentiment.) toute la nuit à ma boutonnière. (Riant.) Vous n'auriez pas par hasard un camélia sur vous? (Sonnant à tour de bras.) Ah! çà, mais ces drôles-là ont donc juré... (Dubois paraît.) Ah! c'est bien heureux! Est-ce que vous dormiez?

DUBOIS[*].

Oui, Monsieur, et Auguste aussi.

RAOUL.

Ils sont charmants! Vite, ce qu'il faut pour m'habiller! Est-ce que Madame est partie?

DUBOIS.

Pas encore, Monsieur. (Il entre à gauche, Albert a allumé son cigare et pris son chapeau.)

RAOUL.

Vous me quittez, on vous verra là-bas?

ALBERT.

Oui, probablement... A bientôt.

RAOUL.

A bientôt! (Ils se donnent la main, Albert sort par le fond, Dubois entre.)

SCÈNE VI.

RAOUL, DUBOIS.

DUBOIS.

Voici la cravate de Monsieur.

RAOUL[**], s'habillant.

Quand Madame sera rentrée, vous m'amènerez la voiture; vous entendez?

DUBOIS.

A l'Opéra-Comique?

RAOUL.

Vous plairait-il de parler moins haut, monsieur Dubois?

DUBOIS.

C'est juste, pardon, Monsieur. (Très-haut.) La voiture attendra

* Raoul, Dubois, Albert.
** Raoul, Dubois.

monsieur au ministère des affaires étrangères. (Avec satisfaction.)
Tout est réparé...

RAOUL, avec humeur.

Allons, c'est bon. (A part.) C'est très-humiliant d'avoir ces
drôles-là dans sa confidence. (Jetant une seconde cravate après l'avoir
chiffonnée.) Je ne pourrai donc pas me cravater ce soir?

DUBOIS.

C'est qu'aussi monsieur le comte est peut-être plus difficile
que de coutume. Du reste, madame Léona mérite bien... c'est
une femme si élégante, si distinguée...

RAOUL, avec humeur.

Voyons, mon gilet.

DUBOIS.

Il vous tend les entournures, Monsieur. (Continuant.) Ah!
monsieur le comte doit faire bien des jaloux!

RAOUL, écoutant avec inquiétude.

N'est-ce pas la voix de Madame que j'entends?

DUBOIS.

Oh! je ne crois pas, Monsieur. (Il écoute.)

RAOUL, à lui-même.

A propos du ministère des affaires étrangères, j'ai oublié de
prévenir Albert.

DUBOIS.

Non, ce n'est pas... mais cela fait cet effet-là quand on est
préoccupé, inquiet... Je me souviens que l'autre jour, quand
monsieur le comte est entré chez madame Léona, il voulait
absolument avoir reconnu madame la comtesse dans un fiacre
qui stationnait de l'autre côté de la rue.

RAOUL, à lui-même.

Ah! Albert devinera que c'est un prétexte.

DUBOIS, continuant.

Tout cela, voyez-vous, Monsieur, c'est l'effet d'une conscience
troublée, et rien de plus. (A demi voix.) Du reste, Monsieur n'est-
il pas de l'avis de son très-humble valet?

RAOUL, qui n'écoute pas.

Qu'est-ce que ce vêtement-là?

DUBOIS.

Celui que Monsieur vient de quitter!... ah! pardon. (Il lui
donne l'autre. — Continuant.) Oui, Monsieur, je crois que le danger
accroît le plaisir.

RAOUL, à lui-même.

Mais j'y songe, y a-t-il seulement bal au ministère des affaires
étrangères? (A Dubois.) Mes gants. (Il prend un journal et le parcourt.)

DUBOIS, prenant des gants dans une boîte et les lui présentant.

Les gants de Monsieur!... (Continuant.) Oui, je voudrais déjà
connaître les charmantes inquiétudes que goûte Monsieur...
aussi il me tarde bien d'être marié pour tromper ma femme.

RAOUL, qui a trouvé ce qu'il cherchait tout en mettant ses gants.

Oui, c'est bien. (Regardant ses mains.) Qu'est-ce que c'est donc que ces gants que vous me donnez-là?

DUBOIS.

Les gants que monsieur le comte vient de quitter. Ah! pardon. (Il en prend d'autres.)

RAOUL, à lui-même.

Il est stupide, cet animal-là!

DUBOIS, brossant le chapeau.

Il n'y a qu'une chose qui m'effraie; je ne sais si monsieur le comte y a songé comme moi.

RAOUL, à lui-même tout en mettant ses gants et regardant fixement Dubois qu'il ne voit pas.

Ma parole d'honneur! le cœur me bat comme à mon premier duel.

DUBOIS, remarquant la fixité du regard du comte.

Eh bien! j'avouerai à monsieur le comte que ce qui me générait un peu pour tromper madame Dubois, ce serait la crainte que madame Dubois ne me trompât à son tour.

RAOUL, qui a perçu vaguement le sens des paroles de Dubois.

Hein?... qu'est-ce que vous dites?

DUBOIS, continuant.

Oui, je l'avoue, si j'étais marié, je serais désolé... que ma femme eût un amant... je ne sais si monsieur le comte pense comme moi.

RAOUL, avec colère.

Imbécile, sortez... (Il le pousse de l'autre côté de la chambre. Blanche paraît sur le seuil de la porte, à part.) Ma femme! allons, sortez!

DUBOIS, se frottant les épaules.

Je sors, monsieur le comte *. (A part.) Je crois qu'il a été frappé de ma réflexion. (Il sort.)

SCÈNE VII.

RAOUL, BLANCHE, en grande toilette de soirée.

RAOUL **.

Vous partez, ma chère Blanche, vous venez me dire adieu?

BLANCHE.

Non, mon ami, non... je suis même fâchée d'avoir cédé aux obsessions d'Hélène et de m'être laissé habiller... Décidément, je ne sortirai pas, je ne me sens pas bien.

RAOUL.

Qu'avez-vous donc?

BLANCHE.

Ma migraine, je pense.

* Dubois, Raoul, Blanche.
** Raoul, Blanche.

RAOUL.

Ah? (*Visiblement contrarié.*) Et... cela vous a pris ainsi tout à coup ?

BLANCHE.

Mon Dieu, oui, tout à l'heure je ne songeais à rien...

RAOUL, avec un espoir.

Oh! ça va se passer; il faisait peut-être trop chaud chez vous?

BLANCHE.

Mais non.

RAOUL.

Alors, c'est que vous avez eu froid. (*Il sonne.*)

BLANCHE, s'asseyant à droite.

Non.

RAOUL.

On gèle ici, on n'a jamais vu cela. (*Il sonne; à Hélène qui paraît.*) Voyons, rallumez ce feu. Êtes-vous folle de le laisser éteindre dans cette saison?

HÉLÈNE.

Mais, monsieur le comte...

RAOUL.

Mademoiselle, faites ce que j'ai dit. (*Hélène sort; revenant à Blanche.*) Vous n'êtes pas mieux?

BLANCHE.

Non.

RAOUL, à part.

C'est un fait exprès.

BLANCHE, l'examinant.

Vous êtes habillé! aviez-vous donc l'intention de m'accompagner chez madame d'Orly?

RAOUL, avec réflexion.

Oui, oui, ma chère Blanche... c'est-à-dire, j'avais l'intention de vous conduire.

BLANCHE.

Ah! de me conduire seulement?

RAOUL.

Hélas! oui, chère enfant, j'ai engagé ma soirée.

BLANCHE.

Ah!

RAOUL.

J'ai promis à votre cousin Albert de le présenter ce soir.

BLANCHE.

Où donc?

RAOUL.

Au bal du ministère des affaires étrangères; c'est pour lui une question d'avenir, vous comprenez?

BLANCHE.

Sans doute; mais comment se fait-il qu'Albert ne m'en ait rien dit?

RAOUL.

Oh! il n'y aura point songé.

BLANCHE.

C'est cela.

RAOUL.

Vous souffrez toujours beaucoup?

BLANCHE.

Qu'importe, mon ami, il ne faut pas que cette indisposition vous retienne. Allez, je puis rester seule.

RAOUL, s'asseyant près d'elle avec une impatience mal déguisée.

Vous savez bien que je ne vous quitterai pas tant que je vous verrai souffrante... ainsi, je reste.

BLANCHE, lui serrant la main.

Raoul, vous êtes bon.

RAOUL, regardant la pendule.

D'ailleurs... il n'y a pas encore de temps perdu, il n'est que onze heures. (Appuyant la tête de Blanche sur sa poitrine.) Mettez votre jolie petite tête là... Ah! il me semble qu'elle est plus fraîche.

BLANCHE.

Oh!...

RAOUL.

Le pouls est très-bon... très-bon... êtes-vous bien ainsi?...

BLANCHE.

Oh! oui...

RAOUL, la contemplant à part.

C'est qu'elle est très-jolie, ma femme, vue à vol d'oiseau.

BLANCHE, se pelotonne et pousse un soupir.

Ah!

RAOUL.

Oh! quel grand soupir! (Blanche sourit. — Enchanté.) Ah! la gaieté revient.

BLANCHE.

Tu me fais rire. (Elle ferme les yeux.)

RAOUL, à part.

Est-ce qu'elle va dormir là?... me voilà bien planté, moi!... Léona qui m'attend. Ah! c'est le diable qui s'en mêle. (Regardant Blanche.) Elle est charmante! une bouche adorable, des yeux d'une expression! Quoique fermés!... ma parole d'honneur, je ne l'avais jamais si bien vue!... Quels jolis cheveux! (Il caresse les cheveux de Blanche.) Une main d'enfant! (Il lui baise la main.)

BLANCHE.

Oh! j'étouffe à présent. (Elle se redresse et enlève ses fourrures.)

RAOUL, à lui-même.

Léona, certes, n'a jamais connu ce luxe d'épaules.

BLANCHE.

A quoi songez vous?

RAOUL.

Je songe qu'il y a une éternité que je ne vous ai vu une aussi ravissante toilette.

BLANCHE.

C'est tout simple, mon ami, l'hiver dernier, j'étais en deuil, j'ai traversé tout l'été dans une robe de carmélite, et depuis que nous sommes de retour de la campagne, voici la première fois que je vais dans le monde.

RAOUL.

Comme tu es belle, ma Blanche.

BLANCHE.

Qu'est-ce que c'est donc que ce bal des artistes?

RAOUL, après un mouvement.

Hein?

BLANCHE.

Oui, qu'est-ce que c'est?

RAOUL.

Mais c'est un bal comme un autre, pourquoi me demandes-tu ça?...

BLANCHE.

Je ne sais... il me semble que ce doit-être fort curieux de voir de près tout ce monde de théâtre.

RAOUL.

Oh! quelle idée!... mais c'est ennuyeux à périr, au contraire... tous ces gens-là ne signifient absolument rien de près, ça n'est supportable qu'à la scène, au bout d'une lorgnette.

BLANCHE, doutant.

Oh!...

RAOUL.

Je t'assure...

BLANCHE.

C'est égal, je voudrais bien les voir dans un coin.

RAOUL, très-embarrassé.

Hein?

BLANCHE.

Un tout petit coin.

RAOUL.

Mais tu n'y songes pas, c'est impossible; voyons, dans quinze jours je te conduirai à l'ambassade ottomane... c'est bien plus curieux, tu verras des Turcs, de vrais Turcs, avec douze cent mille francs de diamants à chaque doigt.

BLANCHE.

Mais les actrices en ont beaucoup aussi, à ce qu'on dit.

RAOUL.

Au théâtre, oui, c'est l'administration qui leur donne ça... mais ça reste au magasin d'accessoires.

BLANCHE.

Menteur!...

RAOUL, se levant.

Voyons, ma chère Blanche, ne parlons plus de...

BLANCHE.

Raoul, tu ne vas pas au bal des artistes?

RAOUL, après un mouvement.

Moi?... oh! quelle idée!... qu'est-ce que j'irais faire là?...

BLANCHE.

Tu n'y vas pas?...

RAOUL.

Mais... non... et la preuve, c'est que je reste auprès de toi.
(Peu à peu Raoul s'est rapproché de Blanche; il la tient dans ses bras.)
D'honneur, jamais Léona n'a été si délicieusement belle.

BLANCHE.

Qu'est-ce que tu as?

RAOUL.

Ce que j'ai, je t'aime plus que jamais, Blanche.

BLANCHE, avec tendresse.

Je te crois, et maintenant tu peux partir.

RAOUL.

Mais je ne le veux pas.

BLANCHE, voulant se dégager.

Je ne souffre plus, bien vrai.

RAOUL.

C'est possible, mais...

BLANCHE veut mettre son manteau.

RAOUL, l'arrêtant.

Ne va pas chez madame d'Orly. (Très-tendre.) N'y va pas.

BLANCHE.

Je n'ai plus d'excuse, je me porte bien, et j'ai promis. (Tendrement.) Mais je reviendrai bien vite. (Elle sonne et remet ses fourrures.)

RAOUL, à part.

Allons, il y a une fatalité et Léona l'échappe belle*.

BLANCHE, à Raoul.

Venez-vous, mon ami?

RAOUL.

Oui, mais je vais faire avancer une voiture de place, car il est
bien tard déjà, et si je vous conduisais...

BLANCHE.

Oui, c'est vrai... ce pauvre Albert qui vous attend. (A Dubois
qui paraît.) La voiture.

DUBOIS.

Elle est en bas, Madame.

RAOUL, à part.

Allons, le sort en est jeté! (Haut.) Dubois, quand vous aurez
ramené Madame, vous reviendrez me prendre.

DUBOIS, avec une intention outrée.

Au ministère des affaires étrangères? oui, Monsieur, (Raoul fait
un petit mouvement, Blanche lui jette un regard rapide.)

RAOUL, à part.

Imbécile.

* Blanche, Raoul.

SCÈNE VIII.

BLANCHE, à part, observant son mari et Dubois.

C'est bizarre.

RAOUL.

Je suis à vos ordres...

BLANCHE, à Raoul, lui prenant le bras.

Vous reviendrez bien vite aussi?

RAOUL.

Oui... oui... (A part.) il y a une fatalité. (Hélène entre.)

SCÈNE VIII.

HÉLÈNE, puis ALBERT.

HÉLÈNE, à elle-même.

Tiens, c'est bien la peine de me faire faire du feu, puisqu'ils s'en vont... Ces maîtres sont d'une exigence!... Il paraît que Monsieur a entortillé Madame... Elle est si bonasse, cette petite femme-là!... Ah! si c'était moi, comme je lui en ferais voir du pays à ce beau volage! quels superbes profits, les femmes de chambre auraient à mon service... d'abord, il y aurait des secrets à moi dans tous les coins... (Elle se met en devoir d'allumer le feu.) Il n'y aurait qu'à se baisser et à en prendre... (Apercevant les petits morceaux de papier.) Tiens! qu'est-ce que c'est donc que ça? on dirait d'une lettre déchirée... les morceaux sont bien petits... ça n'est pas naturel. (Prenant un petit morceau et lisant.) « Rendez-vous. » Rendez-vous!... Oh! il y a quelque chose... il y a quelque chose. (Elle ramasse tous les papiers et les porte sur le guéridon.) Voyons donc?... cher... mon... mon cher cousin... Ah! c'est au cousin qu'on écrit... amour, pardon, folie. Ça n'a pas grand sens jusqu'à présent. (Continuant.) Ane... comment ane... sidi... Ah! Sidiane... ce n'est qu'un secret à Monsieur... c'est dommage! enfin! (Elle continue, Albert entre sans être entendu.) Ah! ça se dessine, Léona... att... ah! attend... mais où?... ah!... des artistes, loge 17, minuit... voilà toujours une phrase... (Albert lui frappe sur l'épaule; Hélène, effrayée.) Ah! monsieur Albert !...

ALBERT.

Vous êtes une curieuse, mademoiselle Hélène.

HÉLÈNE.

Oh! Monsieur!... ne dites rien, je vous en prie, et je vais remettre les choses dans l'état où elles étaient.

ALBERT, l'arrêtant.

Non pas!... Il faut, au contraire, les laisser dans l'état où elles sont.

HÉLÈNE.

Mais, Monsieur, Madame peut venir.

ALBERT.

Elle reviendra dans un instant, car Madame d'Orly ne reçoit pas.

* Albert, Hélène.

HÉLÈNE.

Eh bien ! alors si Madame trouve ces papiers?

ALBERT.

Ce ne sera pas ma faute.

HÉLÈNE.

Mais ce sera la mienne.

ALBERT.

Voici deux louis, Mademoiselle.

HÉLÈNE.

Mais, songez donc...

ALBERT.

En voilà quatre.

HÉLÈNE.

O mon Dieu ! on entre dans le petit salon *.

ALBERT.

Très-bien ! c'est madame de Sidiane, va-t'en; mais, va-t'en donc !

HÉLÈNE, à part.

Tiens, mais ça commence! (Apercevant Raoul qui parait.) Monsieur!...

ALBERT, à part.

Raoul !...

HÉLÈNE.

Ah ! ma foi, je me sauve. (Elle sort.)

SCÈNE IX.

RAOUL, ALBERT.

RAOUL, entrant **.

En changeant d'habit, j'ai sottement oublié le coupon de la loge.

ALBERT, à part.

C'est lui qui va trouver le travail de mademoiselle Hélène, ce n'est plus ça.

RAOUL, l'apercevant.

Albert !

ALBERT, à part, voyant qu'il a posé le chapeau sur les débris de la lettre.

Allons, bon! le chapeau...

RAOUL, à Albert.

Je croyais que nous devions nous rencontrer là-bas.

ALBERT, embarrassé.

Hein !... que me demandez-vous?

RAOUL, gravement.

Je vous demande l'heure qu'il est.

* Hélène, Albert.
** Raoul, Albert.

ALBERT.

Minuit bientôt; et vous vous étonnez sans doute de me trouver ici à cette heure, je vais vous dire le motif qui...

RAOUL.

Le motif!... est-ce que je vous le demande?... (Bruit de voiture. — A part.) Une voiture, c'est ma femme; le voilà, le motif! il revient.

ALBERT, à part.

Mais ces maudits papiers, il faut pourtant... (Il va pour prendre le chapeau de Raoul.)

RAOUL.

Pardon, vous vous trompez...

ALBERT.

Vous croyez?...

RAOUL, lui donnant son chapeau.

Tenez, voici le vôtre.

ALBERT.

Merci ! (Il remonte.) Partons-nous?

RAOUL, à part.

Il veut m'emmener.

ALBERT.

Eh bien !... (Mouvement de Raoul. — Regardant Raoul.) qu'est-ce que vous avez donc?

RAOUL.

Je ne sais, j'ai mal aux nerfs.

ALBERT.

Venez... la musique vous calmera.

RAOUL, à part.

C'est d'une audace !

ALBERT.

Ne venez-vous pas retrouver Léona?

RAOUL, qui se contient avec peine.

Léona ! (A part.) Voilà mon prétexte, car Blanche ne peut être mêlée à tout ceci.

ALBERT.

Quelle diable de guerre faites-vous donc à votre gant?

RAOUL.

Dites-moi. Léona vous a aimé, n'est-ce pas?

ALBERT.

Plaît-il ?

RAOUL.

Oui... j'entends : bien aimé !... aimé exclusivement, enfin?

ALBERT.

Exclusivement! oh ! non; elle aimait beaucoup aussi le point d'Alençon, les bonbons et les petits oiseaux.

RAOUL.

Mais enfin, de votre temps, il n'y avait pas d'autre locataire que vous dans le cœur de Léona?

ALBERT, riant.

Soit qu'elle eût donné pour moi congé à toute la maison, ou que ses locataires l'eussent quittée parce qu'elle avait voulu les augmenter... le fait est que le cœur était désert quand j'y suis descendu à mon retour d'Italie.

RAOUL.

Descendu... descendu... il semblerait qu'on débarque dans le cœur de Léona comme au Plat-d'Étain... c'est assez impertinent, cela, mon cousin.

ALBERT.

Je fais comme vous, je joue sur les mots... mais si cela vous contrarie, je les retire... (Mouvement de Raoul. — Riant.) Ah çà! à qui en avez-vous décidément?

RAOUL.

A vous.

ALBERT.

A propos de qui? et de quoi?

RAOUL.

A propos de Léona et de vos amours avec elle.

ALBERT.

Vous plaisantez!

RAOUL.

Pas du tout. Je sais que Léona vous a aimé, et cette pensée m'est insupportable.

ALBERT.

J'en suis désolé. Mais je ne puis faire cependant que le passé n'ait pas existé.

RAOUL.

Assurément; mais enfin il me déplaît que ce passé existe.

ALBERT.

Et puis? où voulez-vous en venir?

RAOUL.

Je voudrais que Léona ne vous eût pas aimé avant...

ALBERT, riant.

Avant de vous aimer vous-même?... et avez-vous un moyen pour cela?

RAOUL.

Non, mais je vous répète que cette pensée m'est insupportable.

ALBERT.

Encore!... Ah! mais prenez garde, Raoul. Cette persistance me ferait croire que c'est une querelle que vous me cherchez, et franchement ce serait comique si vous vous battiez avec tous ceux qui vous ont précédé. Vous aurez déjà bien assez à faire avec ceux qui vous suivront.

RAOUL.

C'est possible; mais cette pensée m'est insupportable, je ne peux pas vous dire autrement.

ALBERT, *sérieusement.*

A cause de notre amitié, Raoul, j'attendrai, pour savoir décidément à quoi m'en tenir, que vous ayez encore une fois répété cette parole.

RAOUL.

Ça m'est insupportable, voilà tout.

ALBERT*.

C'est bien... Quelle arme choisissez-vous?

RAOUL.

L'épée, si vous le voulez bien.

ALBERT.

Allons, j'ai bien fait d'aller embrasser ma mère ce soir.

RAOUL, *étonné.*

Ah! vous êtes allé ce soir...

ALBERT.

Votre femme... silence!...

SCÈNE X.

LES MÊMES, BLANCHE**.

BLANCHE, *avec joie.*

Déjà de retour, mon ami; ah! vous m'avez tenu parole, c'est bien.

RAOUL.

Pardon, ma chère Blanche; mais je ne suis pas encore parti, au contraire, j'étais en route, quand j'ai rencontré un de mes amis.

BLANCHE.

Monsieur de Miremont.

RAOUL.

Justement! Il m'a dit que notre cousin avait l'intention de venir me prendre pour aller ensemble, vous savez bien, au ministère des affaires étrangères.

ALBERT, *à part.*

Ah! c'est comme ça qu'on appelle l'Opéra-Comique. (Il remonte.)

RAOUL.

Alors, vous comprenez... Mais vous, Blanche... comment se fait-il que vous reveniez si tôt?

BLANCHE.

Madame d'Orly est souffrante et ne reçoit pas ***.

ALBERT.

Je le savais, ma cousine, et j'étais venu aussi pour vous en prévenir et vous épargner une course inutile.

RAOUL.

Ah! c'était pour cela que...

* Albert, Raoul.
** Albert, Blanche, Raoul.
*** Blanche, Albert, Raoul.

ALBERT.

Parbleu ! je voulais vous le dire, mais vous m'en avez empêché !

RAOUL, avec joie.

Oui, c'est vrai ! (Respirant.) Ah !

ALBERT.

Quoi donc ?

RAOUL.

Rien.

ALBERT, à part, regardant Blanche *.

Ah ! je savais bien, moi, que ce n'était pas pour Léona que nous nous battions. Je comprends tout. Raoul soupçonne sa femme !... Oh ! mais je ne dois pas souffrir.

BLANCHE, qui s'est approchée du guéridon, apercevant les papiers, à part.

Qu'est-ce que cela ? l'écriture de Raoul ? (Avec un cri de surprise.) Ah !

RAOUL.

Qu'y a-t-il ?...

BLANCHE, très-calme et masquant la table.

Mon ami, vous allez me trouver bien tenace dans mes caprices, mais...

RAOUL.

Mais...

BLANCHE.

Décidément, je désire aller au bal des artistes.

RAOUL.

Encore ? oh ! Blanche, mais je vous le répète, c'est impossible.

BLANCHE.

Est-ce qu'il n'y aurait pas une place pour moi dans la loge n° 17. (Elle montre les papiers.)

RAOUL, à part.

Ma lettre...

ALBERT, à part.

Oh ! je l'avais oubliée.

BLANCHE.

Mais non, je voulais rire, Raoul, je reste ; mademoiselle Léona vous attend, vous pouvez partir... (Elle tombe assise.)

RAOUL, courant à elle.

Blanche ! mon amie...

BLANCHE.

Eh bien !

RAOUL, à part.

Oh ! je n'en sortirai pas cette fois.

ALBERT, après un signe d'intelligence à Raoul.

Pardon, ma cousine, mais je comprends l'embarras de Raoul, il ne sait comment vous dire que son amitié pour moi l'a poussé à faire une démarche un peu légère pour un homme aussi grave que lui, puisqu'il s'agissait de... mes amours... pardon... voici

* Albert, Blanche.
** Albert, Blanche, Raoul.

le fait : Raoul a rencontré mademoiselle Léona ; elle lui a parlé
de moi, elle a témoigné beaucoup de regrets de notre rupture.

RAOUL, bas.

Très-bien... très-bien... mon élève.

ALBERT.

Et comme Raoul savait que, de mon côté, je souffrais beaucoup en pensant à l'infidèle, il a voulu opérer un rapproche-
ment.

RAOUL, à part.

Très-bien, il est plus fort que moi !...

ALBERT.

Raoul avait préparé cette lettre pour me l'envoyer. En me
trouvant ici, il me l'a remise, et tout en jouant, sans y songer,
je l'ai déchirée ainsi ; mais, si vous le voulez, nous la reconstrui-
rons ensemble.

RAOUL, à part.

Hein ?

BLANCHE, lisant un fragment de papier, puis un autre.

« Je comprends qu'on l'aime, une femme jeune, belle, et...

ALBERT.

Il y avait... « Mademoiselle Léona est une séduisante per-
« sonne, et je comprends qu'on l'aime pour un jour quand on
« n'a pas pour la vie une femme belle, jeune et pure comme ma
« Blanche adorée.

BLANCHE.

Il y avait cela, Raoul ?

RAOUL.

Oui, oui, Blanche...

BLANCHE, prenant un autre papier et lisant.

Et que disait cette phrase en son entier.

RAOUL.

Quelle phrase ?

BLANCHE, lisant.

« Quelques jours encore de la folle vie de la jeunesse. » —
Qu'y avait-il, Raoul ? Expliquez-le-moi vous-même.

RAOUL.

Il y avait : « Croyez-moi, mon cher Albert, vivez bien vite
« quelques jours encore de la folle vie de la jeunesse, et puis après,
« mariez-vous, et n'abandonnez jamais le foyer conjugal, une
« fois que le bonheur sera venu s'y asseoir avec vous. Souve-
« nez-vous que si vos maîtresses sont les fêtes passagères de
« l'esprit, nos femmes sont les joies éternelles du cœur. On
« chante celles-ci, on honore celles-là, et si l'on sourit aux
« unes, on n'aime que les autres. » Voilà ce qu'il y avait,
Blanche.

BLANCHE, l'embrassant *.

Raoul !

ALBERT, prenant un autre papier.

Et enfin « loge dix-sept, à minuit, Léona vous attend. » —

Et je pars, je vais profiter du conseil de Raoul, j'ai encore à
moi quelques jours de la folle vie de la jeunesse. Je vais les
dépenser avec Léona à Venise.

BLANCHE.

A Venise...

ALBERT.

J'irai voir là s'il y a encore un carnaval. (Bas à Raoul.) Décidément quelle arme choisissez-vous ?

RAOUL.

Albert, vous avez choisi les plus courtoises, gardons celles-là.
(Il lui serre la main.)

ALBERT, bas.

Vous voilà remis au bordeaux, moi je vais me remettre au
champagne. (Haut.) Adieu, ma cousine. (En lui baisant la main, il lui
rend le collier.)

BLANCHE, à part.

Ah !

ALBERT, bas *.

J'étais fou !... pardon. (Raoul a sonné, Dubois paraît.)

RAOUL.

Dubois, vous allez conduire Monsieur à l'Opéra.

DUBOIS, vivement **.

Des affaires étrangères, oui, Monsieur. (A part.) Tout est réparé. (Blanche, appuyée au bras de Raoul, se dirige vers la droite ; ils font
un dernier signe d'adieu à Albert qui est sur le seuil de la porte.)

   * Albert, Raoul, Blanche.
   ** Raoul, Albert, Blanche.

FIN.

LAGNY. — Imprimerie de VIALAT et Cⁱᵉ.

www.ingramcontent.com/pod-product-compliance
Lightning Source LLC
LaVergne TN
LVHW010441060726
842527LV00005B/1636